五次元の超科学とテレポテーション

次元空間相転移と水晶発電

内海覚照

たま出版

まえがき

　クリーンエネルギーの開発は現代における重要な課題である。クリーンで無尽蔵な宇宙エネルギーを得るためには、宇宙構造に同調することが必要になる。
　そこで、時空宇宙を構成する光子場の研究が求められることになる。
　これらの研究を行うために、私は参考になる書籍を収集した。その上で、少し変わった方法ではあるが、瞑想と夢を用いた研究を試みた。
　多くの先人が、夢をヒントにして研究したという逸話もあるように、夢占いを扱った文献は古代にさかのぼってあるからである。しかし、夢には正夢と逆夢があり、その解釈は困難をきわめた。
　私は異星人と会ったことはないが、仮に異星人が存在し、彼らの科学が伝来すれば、地球人は努力せずに、超科学文明を手にすることができる。しかし、地球人が自分の手で研究開発することにも意義があるのではないだ

ろうか。

　私の研究は長期に及んだが、推論と実験により、なんとかまとめることができた。従って、パーフェクトなものとは言えず、誤った部分があるかもしれないことをあらかじめ付言しておきたい。

　地球には多くの優秀な科学者がおられる。今後、新しい文明を拓いていくと考えられるが、本書が少しでもその参考資料となれば、幸いである。

　なお、本書の作成に協力して下さった、B.T.K.をはじめとする多数の方々に対し、心から感謝の意を表します。

　　　2003年1月　　　　　　　　　　著者しるす

目　次

まえがき ……………………………………………………………… 3

第1章　ＳＦ物語・ゆめの旅
〈六芒星理論の研究へいたるドラマ〉

1. 宣教師との出会い ……………………………………………… 12
2. 「同時性」と「相対性理論」を知る ………………………… 13
3. サタンにおそわれる夢 ………………………………………… 14
4. 空を飛ぶ夢 ……………………………………………………… 16
5. 対無明陽動計画 ………………………………………………… 17
6. 「仮説・時空相称理論」をつくる …………………………… 19
7. 白髪の科学者の夢 ……………………………………………… 20
8. 出家して総合仏教を学ぶ ……………………………………… 22
9. 著書『生命の小道』による「時空相称理論」の発表 ……… 23
10. 世界二大聖者の夢 ……………………………………………… 24
11. 「緑の地球」選択を告知する女史の夢 ……………………… 27
12. 「アウシュヴィッツ監視」を語る女史の夢 ………………… 29
13. カサブランカ空港の夢 ………………………………………… 31

14. サイババとの会合の夢 ………………………………… 33

15. 恐るべき妖術使いにおそわれる夢 …………………… 35

16. 空港へ到着する夢 ……………………………………… 38

17. 霊媒師によるご神託 …………………………………… 39

18. 止観行のため寺にこもる ……………………………… 41
    （しかん）

第2章　六芒星宇宙　〈四次元時空パワー〉

1. 仮説・時空相称理論（仮説・二重宇宙原論・光子場原論）　45

2. 仮説・光子場理論 ……………………………………… 49

3. 仮説・原型場理論 ……………………………………… 55

4. 仮説・三角錐理論 ……………………………………… 57

5. 六芒星型磁石発電実験機 ……………………………… 60

6. 仮説・内輪4区と3区270度の法則 ………………… 62

7. 仮説・外輪6区と波動法則 …………………………… 64

8. 仮説　ペア・トライアングルの法則 ………………… 66

9. 仮説・S字型十字による極性スピン反転効果 ……… 67

10. 仮説・六芒星理論 ……………………………………… 68

11. 仮説・十二芒星理論 …………………………………… 70

12. 仮説・地球磁場 ……………………………………… 72
13. 仮説・重力と反重力 ………………………………… 74
14. 仮説・テレポテーション（瞬間転移）理論 ………… 75
15. 仮説・四角錐ピラミッド理論 ……………………… 83
16. 仮説・水晶発電 ……………………………………… 90
〈六芒星型磁石発電機特許放棄へ〉………………………… 93

第3章　　新世紀への提言

1. 緑豊かな地球 ………………………………………… 97
2. 英知の科学 …………………………………………… 98
3. 地上界奉仕浄土の創造 ……………………………… 99
4. 聖者の教訓 …………………………………………… 100
5. 唯識の宇宙 …………………………………………… 102

あとがき ……………………………………………………… 105
参考文献 ……………………………………………………… 107

第1章
ＳＦ物語・ゆめの旅
〈六芒星理論の研究へいたるドラマ〉

第1章　ＳＦ物語・ゆめの旅〈六芒星理論の研究へいたるドラマ〉

　　この書が出版されるにあたり、弱き我らを
　導かれた、天の慈悲に感謝いたします。

　六芒星理論の研究が一段落し、私は当分の間、止観行(しかん)などのため、寺にこもることにした。よわい還暦を過ぎた今、人生を振り返ると、天啓と思える不思議な夢や、苦しかった悲しい悪夢が思い出される。

1. 宣教師との出会い

　1939年9月に第二次世界大戦が始まり、日本も1941年12月に参戦したが、その少し前に私は東京で誕生した。

　東京大空襲で被災したが、そのときに、人生の荒波の初期的な体験をしたと考えている。

　戦後、キリスト教宣教師によるイエスについての話に感動し、日曜日になると教会へ通うようになった。

　それが宗教との出合いであった。

第1章　ＳＦ物語・ゆめの旅〈六芒星理論の研究へいたるドラマ〉

2.「同時性」と「相対性理論」を知る

　中学生の時に父が亡くなり、葬儀や法事で仏教と出合うことになる。また、高校生の時にベルグソン哲学を知り、時間に関する「持続」と「同時性」という考えに興味を持った。

　真の時間は「流れた時間」ではなく、「流れつつある時間」すなわち持続であること。また測定する時間は空間化された「同時性の継起」すなわち「今の繰り返し」を測定しているという、この考えに興味を持った。

　さらに、ＳＦ小説『宇宙航路』を読み、アインシュタインの相対性理論による「時間の短縮」にも興味を抱くことになった。

3. サタンにおそわれる夢

　大学受験期に、私は若さゆえの判断ミスをすることになる。高等学校で、文系コースを選択していたのに、理系の大学入試を目指したのである。
　しかも、家系がいくらか学者の傾向があったため、将来は学者になりたいと思い、一流大学の受験に臨んでしまった。
　そんな状況の中、大変な悪夢を見ることになった。

>　私は夢の中で、薄暗い場所にひとり立っていた。すると、遠くから誰かが近づいて来る。よく見ると、それはサタンであった。
>　絵本などに描かれている恐ろしい姿をしており、しかも手には魔剣が握られていた。防衛上やむを得ず、私も剣を抜いた。
>　切り結ぶこと数回、私は次第に後ずさりしていった。そして魔剣をかわした時、不覚にも

第1章　ＳＦ物語・ゆめの旅〈六芒星理論の研究へいたるドラマ〉

> 崖から足を踏みはずしてしまった。
> 　私の体はスカイダイバーのように空を舞い、落下していった。

夢はそこで終わっていた。
　その後、現実の生活でも受験に失敗し、長い苦難の日が続くことになった。

4. 空を飛ぶ夢

　サタンの夢の直後から、私はたびたび空を飛ぶ夢を見るようになった。山々の上空を飛び、林の上を飛び、木と木の間を飛び、やがて地上に軟着陸できた。
　そして、足で地をけると、再び体は上空へと舞い上がった。
　この夢は心理的な救いとなった。つまり、サタンとの戦いにおいては崖から落下したが、私は空を飛ぶことができたのである。

第1章　ＳＦ物語・ゆめの旅〈六芒星理論の研究へいたるドラマ〉

5. 対無明陽動計画

　サタンとの戦いの夢は、心理的に大きなショックであった。その恐怖は長い間、私の心に影を落とすことになった。
　その当時から、夢と現実は密接な関係があると考えていたからである。そこで、サタンに再びおそわれないために、次のような対策を取った。

(1)　キリスト教から仏教への宗旨変え
　サタンはキリスト教に登場してくるものだと考え、無対立を説き、神を立てない宗教、すなわち仏（覚者）を立てる仏教へと宗旨変えをした。

(2)　学者への道を断念する。
　一流大学への進学をあきらめ、少しレベルを落とした大学へ進学した。同時に学者への道も断念した。

(3)　平凡な実業家を志向する
　普通の生活を目指し、金もうけも排除しないことにした。

　以上のような対策を取ったところ、サタンの夢は二度と見ることはなかった。

第1章　ＳＦ物語・ゆめの旅〈六芒星理論の研究へいたるドラマ〉

6.「仮説・時空相称理論」をつくる

　大学における物理の授業で、量子論や相対性理論を学んでから、時間と空間によって異次元の世界を表現できないかと考えた。在学中にその基礎的なものを考え、卒業後にまとめたのが「時空相称理論」であった。
　これは二重宇宙理論と光子場理論の原論というべきものであったが、詳細は後述する。

7. 白髪の科学者の夢

「時空相称理論」をまとめたある夜、白髪の科学者の夢を見た。科学者は理性的な威厳のある姿で現れ、やがてその姿が消えると、虚空にスルスルと光の文字が現れ出した。
　そして、そこには次のように書かれてあった。

$$二つの実体は光子である$$
$$\frac{N}{N}$$

　目覚めてから、私はこの解釈を試みた。一行目は「時間と空間の実体は光子である」ということである。
　二行目のN/Nはしばらく解釈できなかったが、その後、時空宇宙創造の原理であり、時空宇宙を動かす原理だと考えた。
　つまり、N/Nは次のように変形できる。

第1章　ＳＦ物語・ゆめの旅〈六芒星理論の研究へいたるドラマ〉

$$N/N=1、N=N、N-N=0$$

　私たちの時空宇宙は、当初はゼロ、すなわち「空」であった。

　次に陰陽に分かれ、Nとマイナスが生じ、さらに表裏へと展開し、表の宇宙と裏の宇宙ができたと考えられる。

　なお二つの宇宙はブラックホールでつながっていると思われる。Nは磁力を表していて、マイナスNがSということになる。

　時間（T）と空間（X、Y、Z）は基本的な磁力（N）からつくられていると解釈した。

8. 出家して総合仏教を学ぶ

　時代は経過し、私は平凡な生活を送っていた。
　重大な失敗はなかったものの、たびたび失敗を重ね、反省も兼ねて出家しようと考えた。
　1979年37歳の時、総合仏教を学ぶため、天台宗門の僧となった。ビジネスは続けながら、シーズンごとに修行を行うこととなった。

第1章　ＳＦ物語・ゆめの旅〈六芒星理論の研究へいたるドラマ〉

9. 著書『生命の小道』による「時空相称理論」の発表

　1986年、当時は米ソ冷戦時代であり、第三次世界大戦の予言が巷(ちまた)にあふれていた。
　核戦争で地球は滅亡するかもしれない。私は自分の為し得ることは何かを考え、同年、『生命の小道』を出版し、「仮説・時空相称理論」を発表した。

　　その時、私は原子爆弾の炸裂(さくれつ)する夢を見た。
　　巨大なキノコ雲が、天を突いて立ち昇っていくのが見えた。

これは何を意味しているのであろうか。

10. 世界二大聖者の夢

　その後、1989年の米ソ冷戦の終結、1991年の湾岸戦争、同じく1991年のソ連邦崩壊と、世界情勢は激動の時代を迎える。そんな1990年の秋、イラクと多国籍軍が砂漠で対峙している時に、私は宗教問題のことを考えていた。

　宗教の説く真理は絶対的なものである。ところが、世界にはさまざまな宗教が存在しているので、現実的には各宗教は相対的なものとなる。

　一様な世界であれば絶対的な真理のみでよいが、多様な世界には相対的な倫理が必要である。

　つまり、自分のことのみでなく他人のことも考えねばならない。そこで私は「真理道徳」という新しい考えを思いついた。

　さまざまな宗教の間に「真理道徳」を置き、教義の違いを棚上げするか、あるいは教義の違いの奥にある共通点を見出すことにより、対立を避けるという考え方であ

第1章　ＳＦ物語・ゆめの旅〈六芒星理論の研究へいたるドラマ〉

る。

　要するに、慈悲の道徳により、異教も理解するということである。

　この考えをまとめた夜、私は二大聖者の夢を見た。

　　　初めに現れたのはイエス・キリストであった。
　　イエスはやや遠くの上空に白衣を着て立っておられたが、柔和な顔立ちであり、やがて静かに想念が伝わってきた。それは、「ゴルゴダで起きたことは慈悲によるものである」という短いお言葉であった。
　　イエスの姿が消えてから、しばらくすると、次に釈迦が現れた。やはり遠くの上空に立っておられ、同じく白衣を着ておられたが、背はイエスより低く、がっしりとした体格であった。
　　私は当時、観音様に似た姿を思い描いていたので、少し驚いてしまった。そのため、お言葉のうちの一部しか聞き取ることができな

> かった。
> 　それは、あいまいな部分を除けば「……慈悲……」というお言葉であった。

　私はこの「慈悲」こそが宗教と宗教の教義上の対立を克服するものだと考えている。
　さらに、私はこの夢によって、新しい時代が近づいていることを感じた。すなわち、地球は天の慈悲によって救われるかもしれないということである。

第1章　ＳＦ物語・ゆめの旅〈六芒星理論の研究へいたるドラマ〉

11.「緑の地球」選択を告知する女史の夢

　1994年頃であろうか。その当時、私は磁石とコイルによる発電機の実験を行っていたが、ある日、不思議な夢を見た。
　当初、あまり重要な夢だとは気づかなかったが、後になって、天命とも言うべき、重要な夢だと思うようになった。夢は次のようなものであった。

>　あたかも国会議事堂のような円形の会議場があった。そして、その建物内にある部屋で、私は一人の中年の女性とテーブルをはさんで対座していた。かたわらには地球儀が置いてあった。
>　その女性のお名前はわからないが、温和な顔立ちで地位のある方に思えた。
>　やがて彼女は私に向かって、「緑の地球を選択します」と言われた。私も同じように「緑の

地球を選択します」と復唱した。
　すると、少し間を置いて、「ジェット機を用意します」と言われた。大変重みのあるお言葉であった。

「緑の地球」とは、私が1986年に出版した『生命の小道』の「むすび」の言葉に、「緑の地球よ長久であれ、ついには勝つべき全ての魂と共に」と記した言葉をとったものであると思われる。つまり、「緑の地球」とは「長久の地球」という意味である。
　そして、「ジェット機を用意します」とは「研究が短期間で完成するように、バックアップします」という意味だと私は解釈した。

第1章　ＳＦ物語・ゆめの旅〈六芒星理論の研究へいたるドラマ〉

12.「アウシュヴィッツ監視」を語る女史の夢

　その後、1995年頃であろうか。私はコイル型の磁石軌道をつくり、磁石を十字に組んだ羽根の回転実験を繰り返していた。すると、不思議な夢を見た。

> 　やや年配の女性が現れ、磁石について語り始めた。お名前はわからないが、聖母マリアのような感じを受けた。
> 　数回彼女の夢を見たが、最後に、「私はこれからアウシュヴィッツ監視にまいります」と言われた。
> 　お顔を見ると、彼女の目には涙がいっぱいあふれていた。

　この夢は何を意味しているのだろうか。
　私は回転実験で使用していた羽根とは別に、卍型の磁石の羽根もつくってあった。「この羽根が重要なのかも

しれない」と考えた。
　そして、もう一つは、アウシュヴィッツの惨禍が再び繰り返されないために、彼女は働いているような気がしたことである。

第1章　ＳＦ物語・ゆめの旅〈六芒星理論の研究へいたるドラマ〉

13. カサブランカ空港の夢

> その後、ある夜のこと、私は広いカサブランカ空港の中央にいる夢を見た。空港ロビーは遠く、どの方向へ行こうかと思案していた。

翌朝、何気なく新聞のテレビ番組に目をやった。すると、偶然、『カサブランカ』という映画の番組があった。

私は息抜きにそのテレビを見ることにした。あら筋は、第二次世界大戦下のファシズムに対するレジスタンス運動であり、主人公の女性は、一時夫は死んだものと思い恋人に心を寄せる。

恋人の助けにより、夫とともにカサブランカ空港から飛行機で脱出するのだが、追っ手の追跡を間一髪の差で振り切るというストーリーである。

この映画を見て感じたことは、研究中の磁石発電機が、「実」の軌道のほかに、「虚」の軌道も必要だということである。

同時に、私が感じたもう一つのことは、この研究がレジスタンス運動のようなものかもしれないということである。
　つまり、地球は今もって闇の波動に包まれていて、研究にはそれなりの危険が伴うのではないかという懸念(けねん)であった。

第1章　ＳＦ物語・ゆめの旅〈六芒星理論の研究へいたるドラマ〉

14. サイババとの会合の夢

　1996年頃であろうか。私はインドの聖者サイババと会合する夢を見た。
　サイババとは現実にお会いしたことはないが、彼のことはテレビや本で知っていた。

>　　私はホテルのような豪華な部屋でサイババが到着するのを待っていた。
> 「サイババはみえるでしょうか」と一緒にいた二人の者に話しかけた。その時階段を昇ってくるサイババの姿が見えた。
> 　サイババは二人の従者とともに入口に立ちどまり、嬉しそうにニッコリとほほえんだ。
> 　そして、部屋の奥にある円卓の方へ進まれた。

　この夢は、男性ばかりだが合計六人で、六芒星を暗示

しているように思えた。
　その後、別の日だが、サイババと二匹のトラと一匹のネコの夢を見た。
　この夢は磁石発電機における二つのトライアングルであると解釈した。またネコは小さいトライアングルだと解釈した。

第1章　ＳＦ物語・ゆめの旅〈六芒星理論の研究へいたるドラマ〉

15. 恐るべき妖術使いにおそわれる夢

　その後、やはりこれも1996年頃のことであった。研究がある程度進んだ頃のことである。
　私は恐ろしい夢を見た。

> 　私がひとりでいると、そばに二人の女性が現れた。一人はやや年配の方で、もう一人は若い感じのご婦人であった。
> 　やや年配の女性は、私にぴったりと身を寄せると、耳元でささやいた。「お守りします」
> 　私は何事かと思い、もう一人の女性の方を見た。
> 　すると、彼女はどんどん遠方へ進んでいく。まるで孫悟空の金斗雲に乗っているかのようなスピードである。
> 　やがて彼女は止まったが、今度は望遠鏡で見るように視力を遠くへ伸ばしていく。

山を越え、林を越え、そして地の果てのような所に目をやると、そこに屈強な感じの中年男性の姿が見え出した。
　おお、彼は恐るべき妖術使いなのだ。
　彼は沼に棲む蛇を操ることができるのである。
　彼は体を私たちの方へ向けていたが、顔はななめ上空へ向けていた。ななめ上空には一体何があるというのだろうか。
　何と彼は私に危害を及ぼそうとしている。その時想念が伝わって来た。
「もし、敗れれば地震が起こる」

　夢はそこで終わっていた。この数日後、現実の世界で戦いは始まったのである。目には見えないが、私にはそう感じられた。
　急に電気系統の故障が多発した。さらに、仕事が急に忙しくなった。それは、せき止められていたダムの水が一気に決壊したような感じであった。
　私は深夜まで仕事に追われ、翌日は朝早く出かけるこ

第1章　ＳＦ物語・ゆめの旅〈六芒星理論の研究へいたるドラマ〉

ともあった。
　そんな状態が数週間も続いた頃、私は学生時代の試験期間を思い出していた。「いつかは終わる」と自分に言い聞かせた。
　対人関係のトラブルも発生し、いい加減いや気がさした頃、大きな問題が出てきた。それにもねばり強く対応し、やがて戦いは終わった。
　被害はあったが、防衛に成功したのである。
　その後、対人関係の修復はまるで地雷を除くような感じで行った。
　一体なぜ、おそわれたのだろうか。研究がいけないのだろうか。
　しかし、研究をやめることもできなかった。今までの一連の夢が研究の続行をうながしていたからである。

16. 空港へ到着する夢

　その後、地道な研究を重ねていたが、2002年の正月を迎え、初夢を見た。

> 　まず、巨大な火葬場が見えてきた。やがてその一角に赤い火が見えた。
> 　その火葬場と並んで飛行場があり、ジェット機は無事、滑走路に着陸していった。
> 　猛スピードで前進するジェット機。

　夢はそこで終わっていた。私は夢の解釈をしながら、今年は期待できると感じた。
　今まで研究は雲をつかむような状態であったが、ついに私はレーダーに目的地の空港をとらえたのである。「我、空港を確認せり」である。
　ところで、火葬場は一体何を意味しているのだろうか。夢占いの本によれば、吉夢とされている。

第1章　ＳＦ物語・ゆめの旅〈六芒星理論の研究へいたるドラマ〉

17. 霊媒師によるご神託

　同じく2002年の8月のことであった。
　私はよく当たる霊能者がいるといううわさを聞いた。しかも9月中旬には関西に戻るので、私にも来るようにという伝言があった。
　そこは埼玉県にある神道の女性霊媒師Ｓさんの事務所であった。
　私はそこへ赴き、驚くべき神のお告げを賜ったのである。
　私はその昔、天台宗を開いた最澄の弟子だったというのである。また、現代は地球の重要な時期にあたり、60名〜70名のお役目を持った人がこの世に生まれてきていて、私もそのうちの一人だというのである。
　ところが、私は世俗的なことに染まり過ぎたので、世俗的なものは放棄せよとのことであった。金銭をもうければ健康を害するとのことであった。
　私は神にたずねた。「六芒星型磁石発電機の特許権は

どうすべきでしょうか」
　神は言われた。「放棄せよ。本はなるべく早く出版せよ」

第1章　ＳＦ物語・ゆめの旅〈六芒星理論の研究へいたるドラマ〉

18. 止観行のため寺にこもる

　六芒星理論の研究が一段落し、本が出版されたところで、私は当分の間、止観行などのために某所の寺にこもりたいと考えている。
　"生きとし生けるもののあわれ"を思い、瞑想の中で自分を見つめ直し、多くの過失を懺悔し、お世話になった人々や家族に感謝し、求道者としてのこれからの道を考えたいと思っている。

第2章
六芒星宇宙
〈四次元時空パワー〉

第2章　六芒星宇宙〈四次元時空パワー〉

1. 仮説・時空相称理論
（仮説・二重宇宙原論・光子場原論）

　物質世界が空間を主体とすれば、非物質世界は時間を主体とすべきであろう。自分が宇宙を創造するつもりで考えたのが「時空相称理論」である。
「時空相称」とは時間と空間が同じ形をしていて、釣り合いがとれているという意味である。
　この推論は1986年に出版した著書『生命の小道』に掲載したものだが、ここではその概略を述べることにする。

　〈空間域と時間域について〉
　　時間とは持続である
　　しかし、時間は全空間にある
　　ゆえに、時間には持続と時間的領域がある

空間とは領域である
しかし、空間は常時ある
ゆえに、空間には領域と空間的持続がある
従って、物質的な空間域のみならず
同形の非物質的な時間域が存在する

さて、この考えにもとづくと、三次元空間(x_1、x_2、x_3)に対応する三次元時間的領域($-ct_1$、$-ct_2$、$-ct_3$)が考えられる（cは光速度）。

この場合、空間軸xに対応する時間軸はctではなく$-ct$となる。これは空間軸が遠方になればなるほど時間軸は過去にさかのぼることを意味する。

では、ある光源から出る光の球面波の伝播方程式を考えてみる。むろん光速度一定の形態とする。

$$x_1^2 + x_2^2 + x_3^2 = c^2t^2$$

つまり $x_1^2 + x_2^2 + x_3^2 - c^2t^2 = 0$

つまり $x_1^2 + x_2^2 + x_3^2 + (ict)^2 = 0$

（ただし $i = \sqrt{-1}$）

すなわち、時間軸にictを用いると時間軸の方向が図2のごとく逆になるのである。

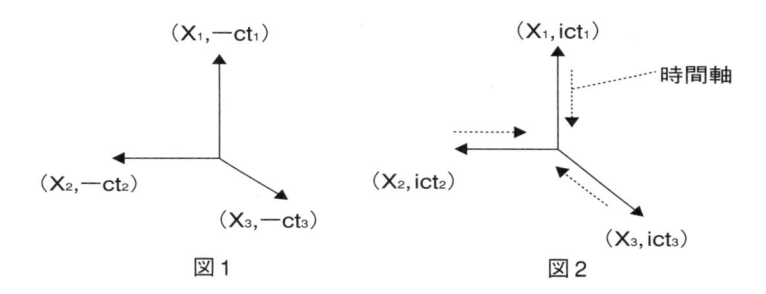

第2章 六芒星宇宙〈四次元時空パワー〉

図1 ($X_1, -ct_1$), ($X_2, -ct_2$), ($X_3, -ct_3$)

図2 (X_1, ict_1), (X_2, ict_2), (X_3, ict_3) 時間軸

　ところで、測定できる物理的時間は、時間域の時間である。つまり、我々が時間をはかる場合、持続ではなく、空間化された時間的領域をはかっているのである。

　時間域は空間域によく似ていて、空間軸の代わりに、時間軸を主体に考えることもできる。

　光速度で広がる時間域球面波の伝播方程式は、空間軸を実数にとると、

　　$-c^2t_1^2 - c^2t_2^2 - c^2t_3^2 + x^2 = 0$ である。

　要するに、空間と時間は置き換えることができるのである。

　ここで基本的な図を描いてみる。

拡散球（空間域）

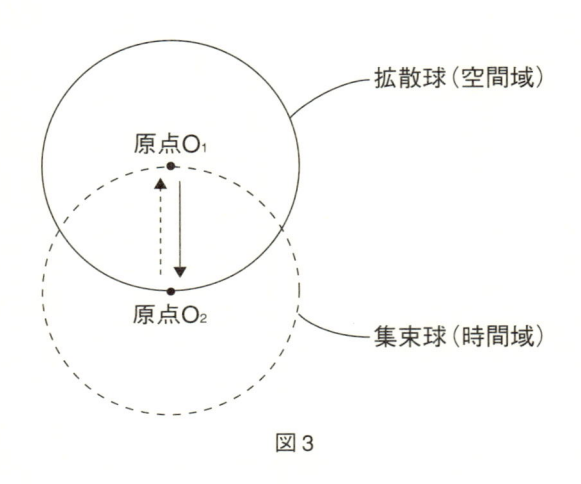

原点O₁

原点O₂

集束球（時間域）

図3

　二つの球は半径分ずれていて、一方が原点より拡散するとき、他方が原点に集束する。つまり、光は拡散と集束を繰り返しているのである。

　なお、拡散と集束は同時ではなく、動きにズレがあると考えられる。なぜなら、同時であれば、原点に静止してしまうからである。

　また、空間点と空間点をつなぐものが時間点であり、時間点と時間点をつなぐものが空間点である。つまり、空間域と時間域の二重宇宙の形態となっている。

　以上が「時空相称理論」の要点である。

第2章 六芒星宇宙〈四次元時空パワー〉

2. 仮説・光子場理論

　1994年頃、私は詳細な光子場の研究を再開することになる。というのは、これに先立って、某研究所のA氏の訪問を受け、『ニュー・メタフィジックス』(バシャールと宇宙連合＋ダリル・アンカ著、関野直行訳、ヴォイス)というめずらしい本を紹介されたからである。

　この本は、宇宙連合がチャネラーを通して語ってつくったものであり、1987年に米国で出版され、1991年に日本で翻訳出版されたものである。

　私が驚いたのは、なんとそこに光子場のヒントが記されていたからである。

　ちなみに、なぜ光子場が重要なのかと言えば、光子場の集合が時空宇宙を構成していて、その構造に同調する発電機ができれば、宇宙エネルギー(フリーエネルギー)が得られると考えられるからである。つまり画期的なクリーンエネルギーの開発に結びつくのである。

　さて、それでは光子場の推論を述べていきたいと思

う。
　まず、光子エネルギーは時間と空間をつくりだしているものであり、さらに、物質や我々の現実世界をつくりだしているものである。光子はプラスとマイナスの両極を内包し、すべてであり、無にもなりうる。

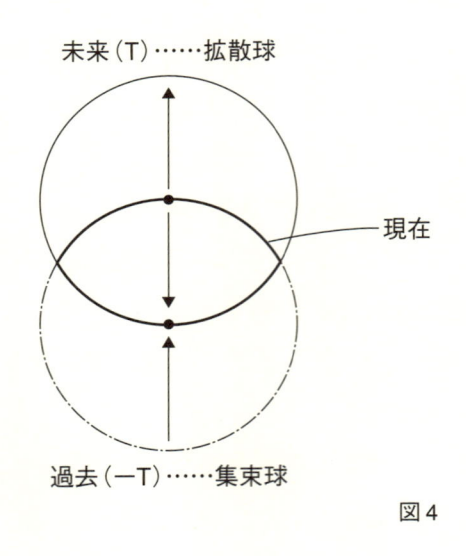

未来（T）……拡散球

現在

過去（－T）……集束球

図4

　光子場は図4のごとくで、拡散球は原点を中心として広がっていく開（ON）であり、集束球は原点へと戻ってくる閉（OFF）である。時間と空間は置き換えられる

ので、二つの球体とも時間球にすると、一方はプラス(未来)となり、他方はマイナス（過去）となる。

また、図4における「現在」は二つの球体波動が重なっている部分であり、光子場における空間はこの「現在」に出現し、後述する原型場のものより少し小さくなっている。

二つの球体は拡散や集束に、すごいスピードで常に切り換わっていて、時間と空間は断続的に継起(けいき)を重ねている。

言い換えれば、なめらかに連続しているものではなく、再現を繰り返しているものである。

さて、図4における空間の状態はどうなっているのであろうか。空間座標は、空間3点をX、Y、Zとすると、図5のようになり、原点Oが時間Tによって移動する場合は、図6のようになる。

図5

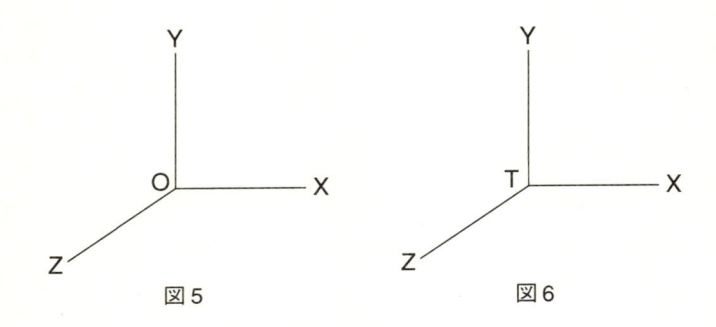

図6

　図6では、現実的な形態としてX、Y、Zを等距離に置き、さらに、時間は空間に置き換えられるということから、X、Y、Z、Tを同等と考えると、図7のような正三角錐ができる。

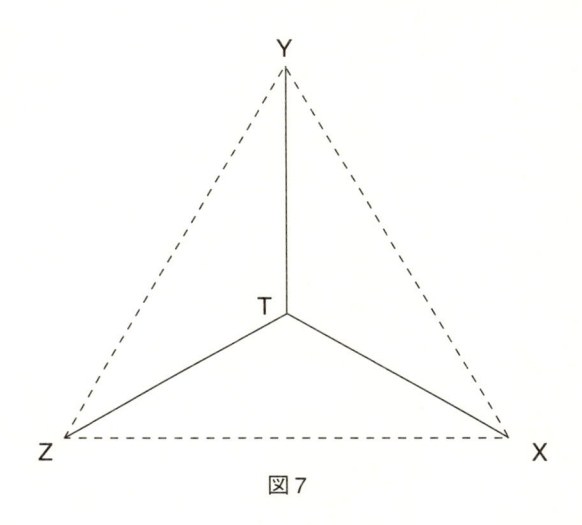

第2章　六芒星宇宙〈四次元時空パワー〉

図7

　この形態は、ミンコフスキーの定理による、傾いた時間軸と空間軸の座標と考えるとわかりやすい。そして、この正三角錐を図4の図形に当てはめてみると、図8のようになる。

図8　光子場の幾何学的図形

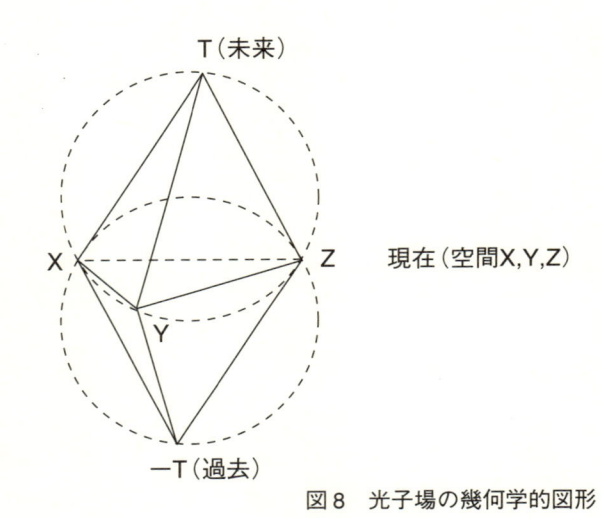

　この光子場に出現する空間球は時間球に比べて少し小さくなっている。
　つまり、光子場は後述する原型場の一部であるため、現在球は未来球と過去球に比べてひとまわり小さい球体になっている。

第2章　六芒星宇宙〈四次元時空パワー〉

3. 仮説・原型場理論

　拡散球を中心に考えた場合、集束球はひとつではなく、複数であることになる。

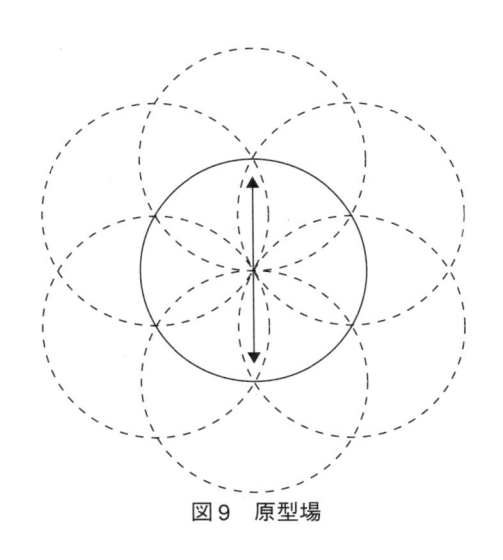

図9　原型場

　図9のように、図面上、拡散球のまわりに6つの集束球を描くことができる。これらの集束球は準現実といえ

55

るものであり、原型場と呼ぶことにする。
　この原型場がいわゆる六芒星の土台になっている。

4. 仮説・三角錐理論

　光子場の幾何学的図形に、二つの正三角錐が登場してきた。
　そこで、粘土で多数の正三角錐をつくり、それを組み合わせる実験をしてみる。すると、20個の正三角錐で球体ができる。
　さらに、35個の正三角錐で光子場型二重球体ができる。

図10　20個の正三角錐による球体

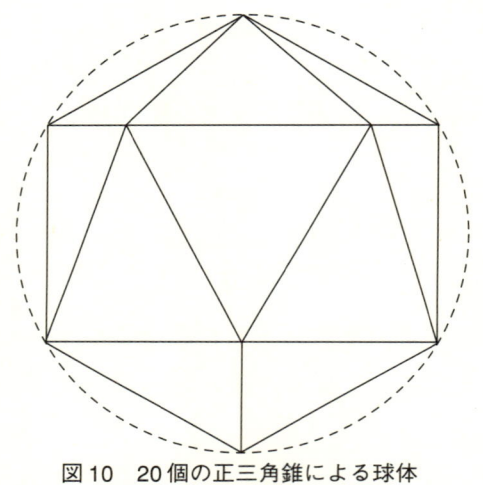

　さらに、原型場の球体をつくっていくと、興味深いことに気づく。

第2章 六芒星宇宙〈四次元時空パワー〉

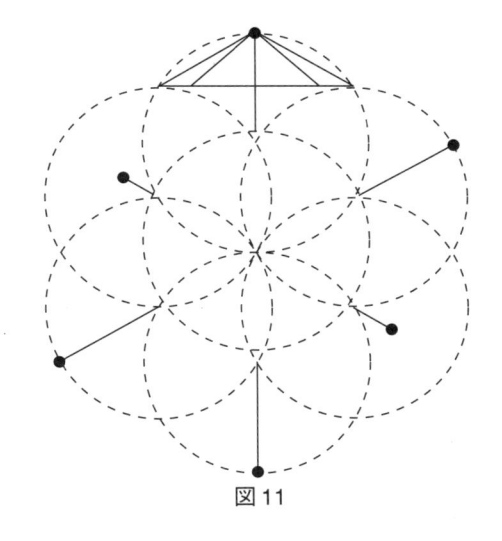

図11

　図11のように、外側の6つの球体のうち、4つの球体の軸の頭は同一円周上にあるが、2つの球体の軸の頭は内側にずれてしまう。このことは六芒星型の時空宇宙に同調する発電機をつくる上で、必要なポイントとなる。

5. 六芒星型磁石発電実験機

　伝説のアトランティス文明にあったと推定される、六芒星型水晶発電の基礎研究として、私は磁石による六芒星型発電機の実験をしてみることにした。

　まず、時間系に同調するために、図12のごとく球体の中心軸を回る極性スピン軌道をつくる。この軌道は上下2つのペア軌道をつくる。

　次に、空間系に同調するために、原型場すなわち六芒星の外側円周に沿って軸性スピン軌道を2つつくる。

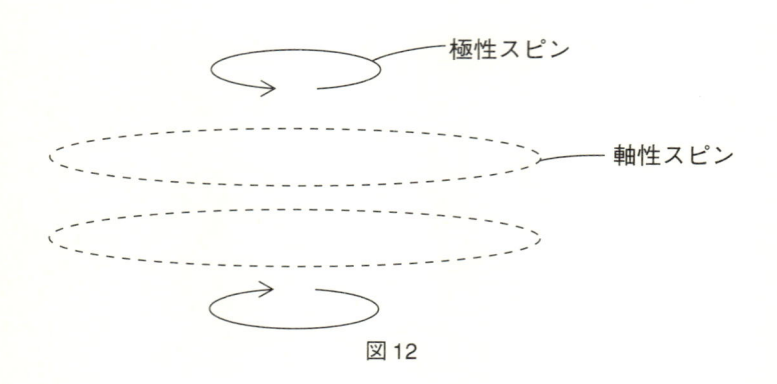

図12

第2章 六芒星宇宙〈四次元時空パワー〉

すると、興味深い法則に出合うことになった。

6. 仮説・内輪4区と3区270度の法則

　とりあえず、極性スピン軌道(内輪)ひとつをつくり、磁石のプロペラを回転させてみる。
　すると、90°は簡単に回り、180°も軌道を工夫すれば回った。270°も軌道を工夫して回転したが、それ以上は回らなかった。
　この回転実験でわかったことは、360°が90°単位で4区に分かれていること。そして、3区270°は容易に回転することである。
　このことは何を意味するのであろうか。
　私は4区をX、Y、Z、Tと推理した。そして、位置及び運動量という物質の基本的な単位を考えてみると、
　　　位置は、3点X、Y、Zによって確定する
　　　速度は、2点X、Yと時間Tによって確定する
　つまり、3つの組み合わせによって成立していて、4つの組み合わせではない。
　要するに、この法則によって、3区270°が回転の限

界になっていると考えたのである。

7. 仮説・外輪6区と波動法則

　内輪（極性スピン）軌道による回転は270°が限界であるため、外輪（軸性スピン）の応援を頼むことにした。
　プロペラは内輪用の短い羽根と、外輪用の長い羽根を十字に組んだ。しかし、外輪の応援でも残りの90°は回らず、60°のみ回った。
　すなわち、合計330°が回転したのである。
　この外輪実験でわかったことは、外輪が60°単位で6区360°になっていることである。さらに、図13のごとく外輪直径を内輪直径の3倍にすると、回転力がよいことから、波動が関係していることがわかった。

第2章　六芒星宇宙〈四次元時空パワー〉

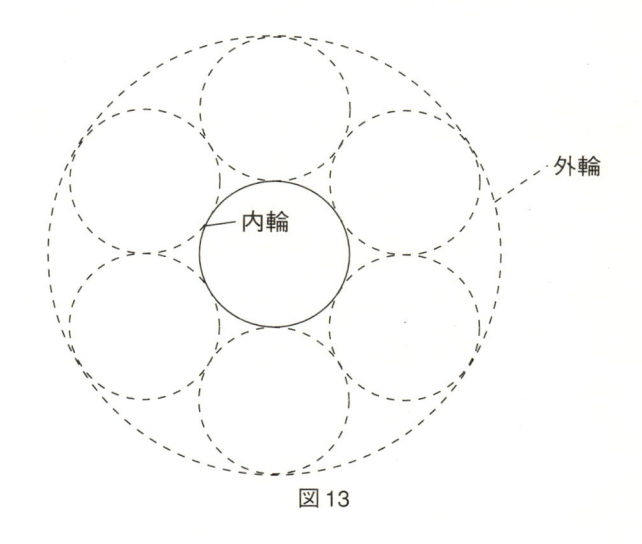

図13

また、外輪6区のうち、軌道をつくれるのは4区のみである。このことは、前述した図11の理由による。

8. 仮説　ペア・トライアングルの法則

　トライアングルは三角形を意味する。詳述すると、六芒星型磁石発電機の詳細設計図を明らかにすることになるので、ここでは省略させていただきます。

第2章　六芒星宇宙〈四次元時空パワー〉

9. 仮説・S字型十字による極性スピン反転効果

　内輪軌道（時間系極性スピン）に、OFF（閉）すなわち集束のS字型十字軌道をのせる実験をしてみた。するとプロペラのスピードが速くなった。
　これらは内輪が時間系であり、図15のごとく、スピン反転によって第4次元性、すなわち虚の性質が達成されるためと考えた。

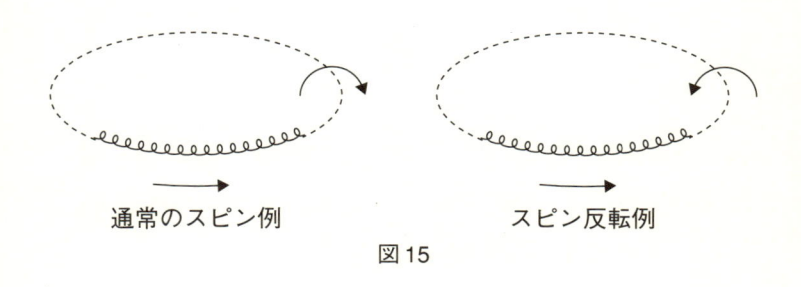

通常のスピン例　　　　　スピン反転例

図15

　ちなみに、外輪軌道（空間系軸性スピン）はON（開）すなわち拡散である。

10. 仮説・六芒星理論

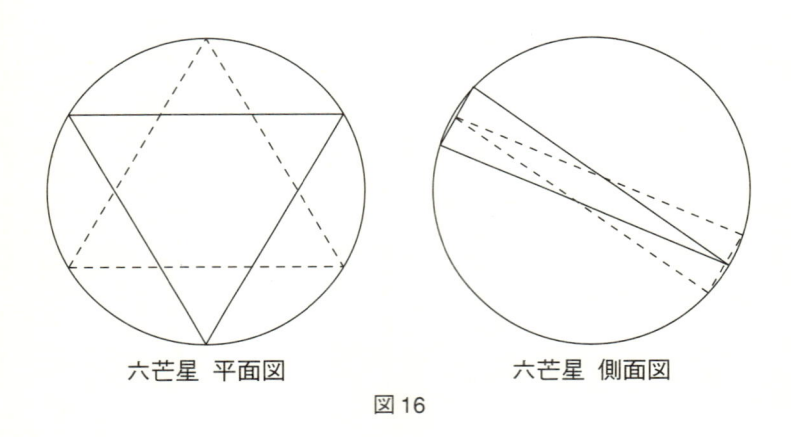

六芒星 平面図　　　六芒星 側面図

図16

　球体は前述した通り、20個の正三角錐からなる。正三角錐の頂点と頂点を結ぶ線を引いてみると、図16のごとく、六芒星平面図が得られる。
　この二重三角形を側面から見ると斜めになっている。
　なお六芒星球体は、空間がON（開）であり、時間がOFF（閉）である。

第2章　六芒星宇宙〈四次元時空パワー〉

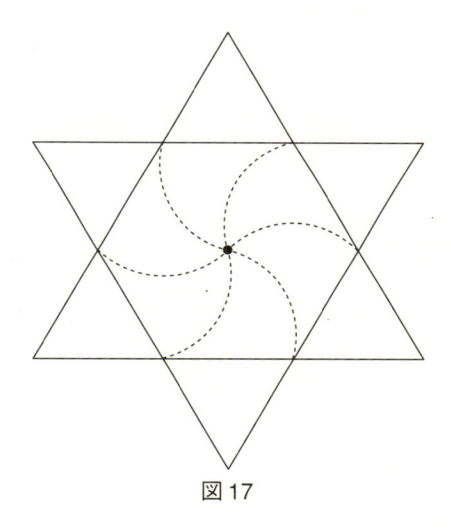

図17

　ちなみに時間と空間は、図17のごとく、点線のS字型うず巻きが極性スピンの時間であり、実線の二重三角形が軸性スピンの空間である。

　また、モーターで使用できる同一円周上のものは、6つのうち4つである。

11. 仮説・十二芒星理論

　六芒星が空間ON（開）であり、時間OFF（閉）であるのに対して、十二芒星は空間ONのほかにOFFも利用している。

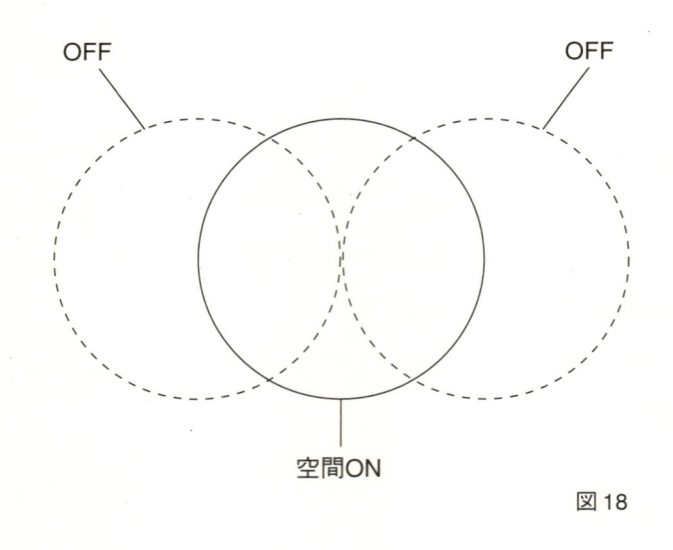

OFF　　　　　　　OFF

空間ON

図18

　図18のごとく、中央の球に空間ON（開）、時間OFF

第2章　六芒星宇宙〈四次元時空パワー〉

(閉) があり、となりの左右の球に空間OFF (閉) がある。

　ただし、OFFの球体はONの球体よりやや小さくなっている。これは、集束球が拡散球よりわずかに小さいことによる。

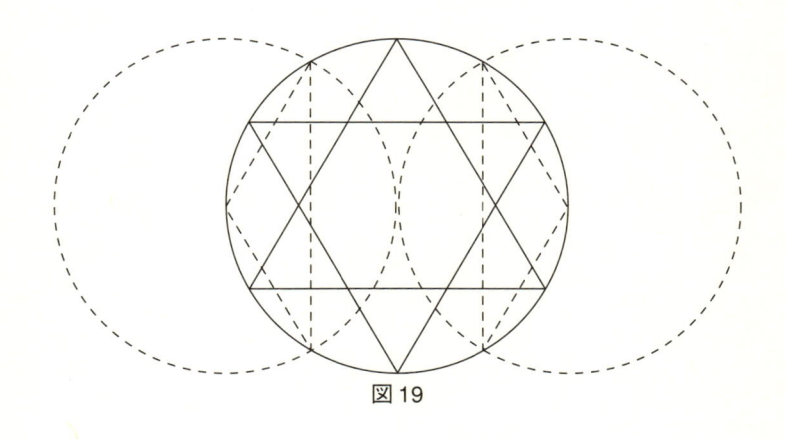

図19

　図19のごとく、実線トライアングルと点線トライアングルは同一球体上にあると見なせる。従って、十二芒星モーターも可能であり、六芒星モーターよりパワーが大きい。

71

12. 仮説・地球磁場

さて、ここで余談ではあるが、地球の磁場について考えてみる。

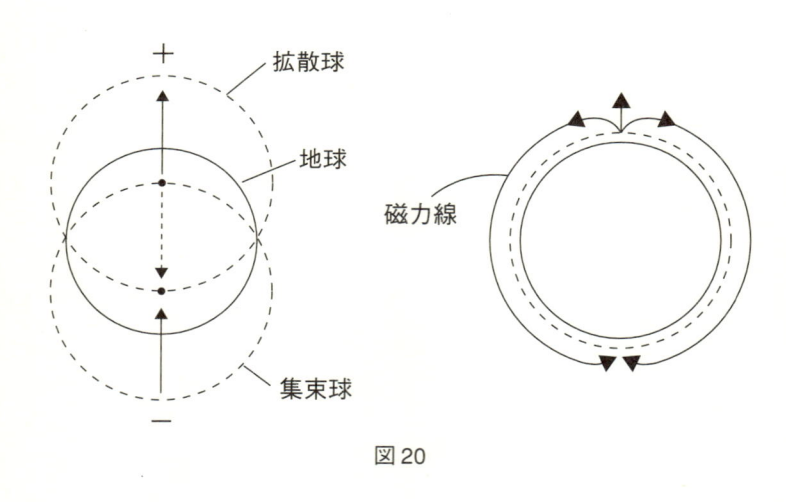

図20

図20のように地球及びその周囲が光子場型になっていて、しかも、地球が自転しているため、常に半球がプラスで、他方の半球がマイナスになっている。

第2章　六芒星宇宙〈四次元時空パワー〉

従って磁力線はひとつの方向へ流れる。
　なお、地球という物体があるため、ON・OFFの動きが制限されている。

13. 仮説・重力と反重力

　地球とその周囲がひとつの小宇宙を形成している。地球という物体を包んだまま、ON（開）とOFF（閉）を繰り返している場が存在している。
　ところが、ON（開）は順調にいくが、OFF（閉）は完全にはいかない。地球が障害になっているからである。
　そこで、OFF（閉）を達成しようとする力が、地球の重力になっている。
　このように考えれば、反重力とは空間系のON（開）の力だということになる。

14. 仮説・テレポテーション（瞬間転移）理論

　物体の瞬間移動は、端的に言えば、物体が空間中を移動するのではなく、空間そのものになって移行することによる。
　例えば、物体が巨大光子に包まれた状態のまま、すなわち、ひとつの小宇宙となって転移するのである。
　では、その状態を光子場で考えてみる。

拡散球（未来）

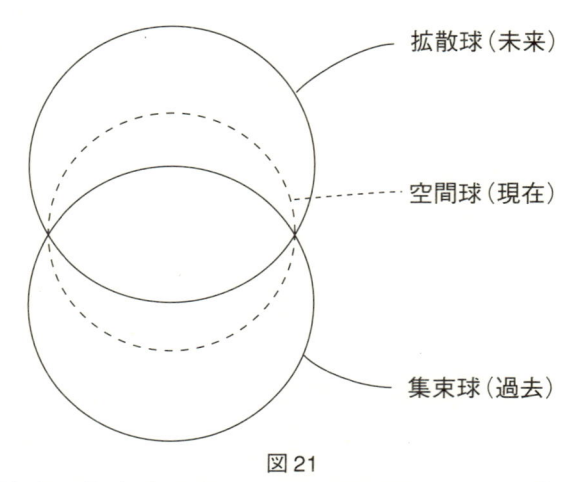

空間球（現在）

集束球（過去）

図21

　拡散球と集束球があり、この図面上では、現在が空間球ということになる。

　さて、ここで時間球（実線で表示）と空間球（点線で表示）が同じ大きさになったら、どのような状態になるだろうか。ズバリ言って、時空対消滅が起きる。

　時間と空間は陰陽の関係にあり、波動が異なっているが、同じ波動になると、互いに消滅してしまうことになる。

　では、どうすれば、その状態が達成されるのだろうか。

　端的に言えば、軸性スピンである空間系の回転磁場と極性スピンである時間系の回転磁場を操作して、時間球

第2章　六芒星宇宙〈四次元時空パワー〉

と空間球を同じ大きさにするのである。

　ではまず、軸性スピンの操作を考えてみる。

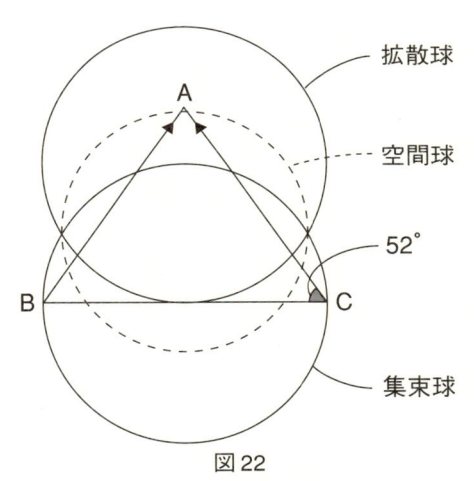

図22

　図において、B点とC点を通る円形の回転磁場をつくる。すると、その平面場から、A点の方向へ垂直な力が発生する。∠ABCと∠ACBは52°であり、この傾斜角度はエジプトの大ピラミッドの傾斜角度に一致している。

　この操作により、時間球は空間球に近づく。この際の時間球は、反重力の形態である。OFF（閉）を使う。

では、次に極性スピンの操作を考えてみる。

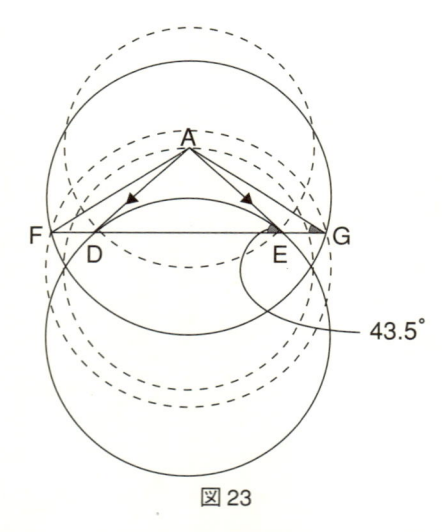

図23

　図のごとく、空間球（点線で表示）が時間球（実線で表示）になるようにする。空間球は、反重力の形態であるON（開）における、中心点Aから放射状の回転磁場をつくる。

　OFF（閉）の時間球と交わるところがD点とE点である。∠ADEと∠AEDは43.5°であり、この傾斜角

第2章　六芒星宇宙〈四次元時空パワー〉

度はメキシコの太陽ピラミッドの傾斜角度に一致している。

　なお、時空対消滅を起こすためには、ON（開）の空間球が、ON（開）の時間球とも同等にならねばならない。ON（開）の時間球と交わるところが、F点とG点である。

　では、軸性スピン及び極性スピンを、エジプトの大ピラミッド及びメキシコの太陽ピラミッドと比較してみる。

146.7m

52°

230.36m

エジプト・ギザの大ピラミッド

43.5°

71.17m

223.48m

メキシコの太陽ピラミッド

図24

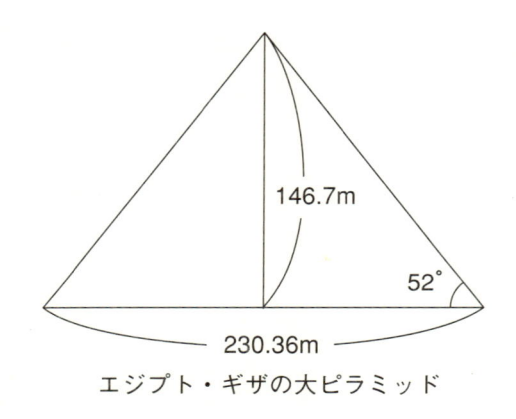

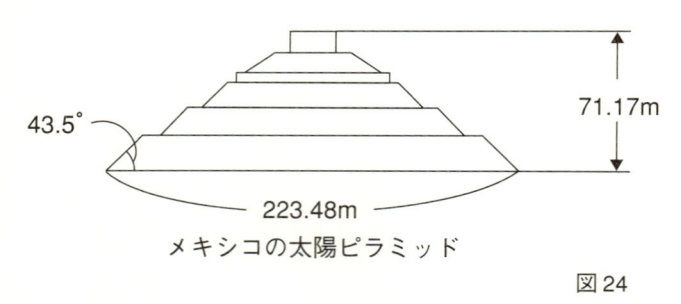

　なんと、驚くべきことに、傾斜角度、底辺の比率、高さの比率がきわめて類似しているのである。

　このように空間系と時間系の回転磁場の操作により、空間球と時間球が中和されて同じ大きさになり、時空対消滅の状態になる。物体は半開閉する球体に包まれたま

第2章　六芒星宇宙〈四次元時空パワー〉

ま、固有の重力場、すなわち小宇宙を形成し、テンソル場（幅のある線形宇宙）によって、別の場所に転移していくのである。

では、ここで前述した光子場の幾何学的図形（図8）をもう一度見てみよう。

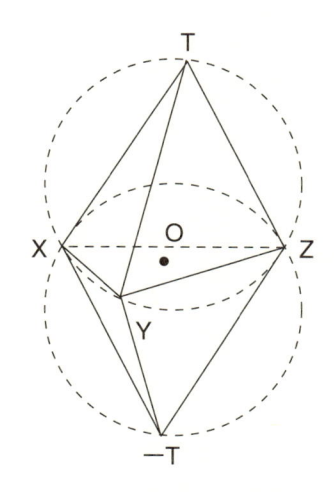

図形には、7つのトライアングルがある。すなわち上部の3面と下部の3面があり、これらは時間を含んでいる。

もう1面は時間を含まないXYZ面である。

この中心点0のあるスペースが超空間というべき場所であり、真の空間は「ここ」にしかないのである。
　この超空間を突破することにより、無限とも言える距離を一瞬のうちに横断することができる。
　つまり、物体の位置的性質を変えると、その物体のホログラフィー的宇宙における位置が変化することになるのだ。

第2章　六芒星宇宙〈四次元時空パワー〉

15. 仮説・四角錐ピラミッド理論

　さて、エジプトなどにある底辺が正方形の四角錐ピラミッドについて考えてみる。ピラミッド理論は奥が深いので、ここでは基本的なことを述べるにとどめる。
　光子には極性スピン軸があり、その方向へ進むのだが、円運動をする軸性スピンによって、らせんを描きながら進むことになる。
　極性スピンは4区360°であり、1区は90°である。従って、らせん波動は、図のように第1象限から第4象限まで、4区に分かれる。
　4区のうち3区は空間系であるが、第4象限のみ時間系であり、この4区目の空間系らせんは、時間系のかげにかくれているので、空間とは呼べない。

図25　λ（波長）

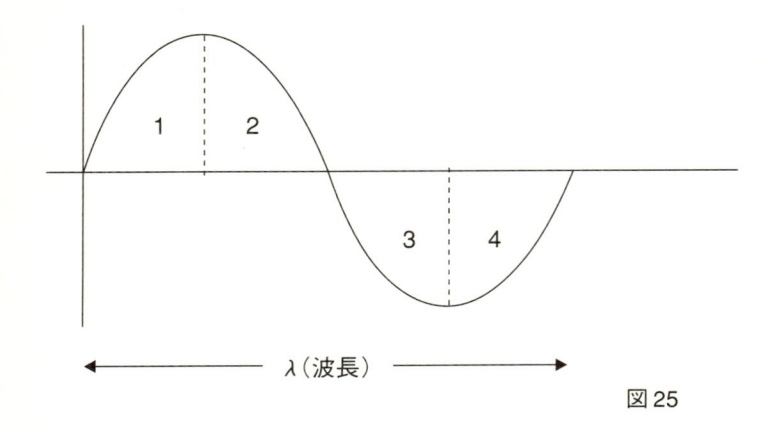

　6区に分かれる原型場は準現実場であり、その一部である光子場が現実場である。
　四角形が4次元（X・Y・Z・T）を表しているので、四角錐の頂点（T´）を含めると5次元ということになる。つまり、テレポテーション（リープ）が可能な形体である。

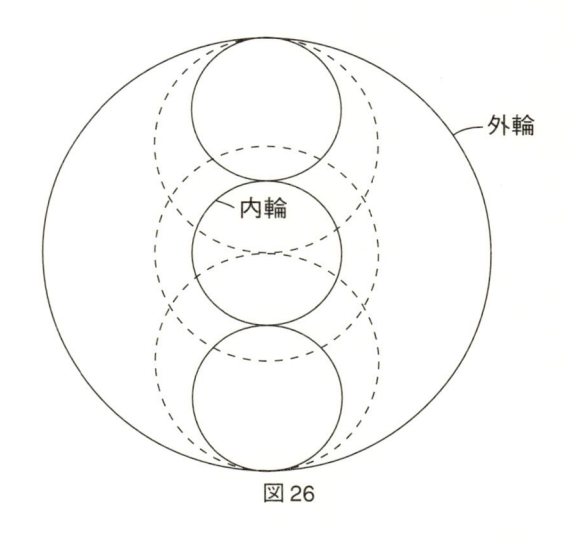

第2章　六芒星宇宙〈四次元時空パワー〉

　　　　　　　　　　　　　　　外輪

　　　内輪

図26

　前掲した図13で表示したように、外輪（軸性スピン）の直径は内輪（極性スピン）の3倍になっている。
　さらに、図26の原型場の部分図におけるように、3つの内輪波動がピッタリと原型場におさまっている。

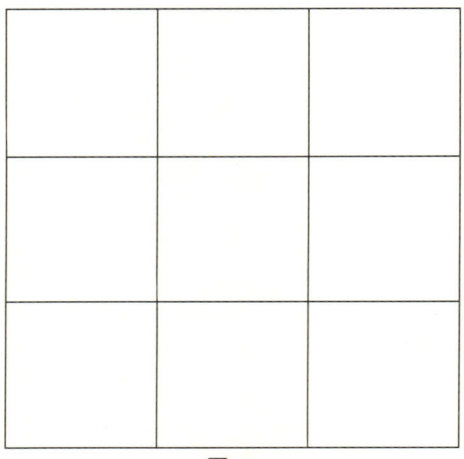

図27

　中心である内輪の極性スピンが伝播する場合、極性スピンは4区だから、伝播するときも、図27のように4区の状態で伝播していくと考えられる。

　さて、素粒子が宇宙を進む状態を考えてみると、図28のようになる。極性スピン速度は、軸性スピン速度の約10億分の1（ゆらぎの数値）であり、時空対消滅による次元空間相転移での、5次元速度は4次元速度の約10億倍に相当する。

第2章 六芒星宇宙〈四次元時空パワー〉

極性スピン軸

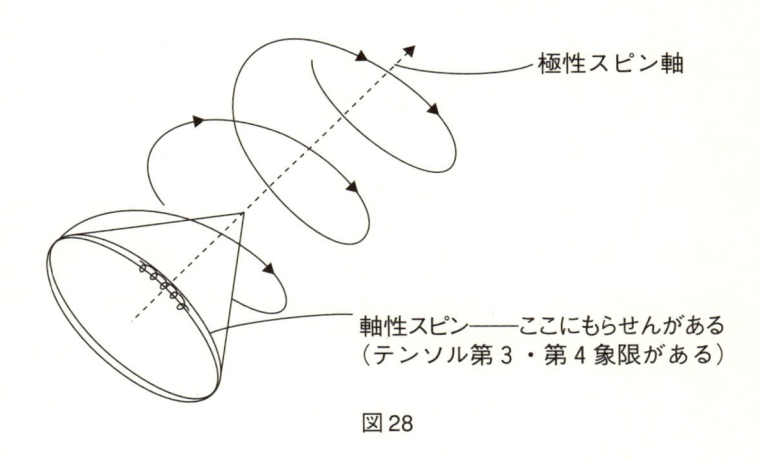

軸性スピン――ここにもらせんがある
（テンソル第3・第4象限がある）

図28

　ちなみに、宇宙と反宇宙の関係は図29のようになり、二重宇宙の2つの円錐が頂点で出合うことになる。これらはDNAのような二重らせんになっている。

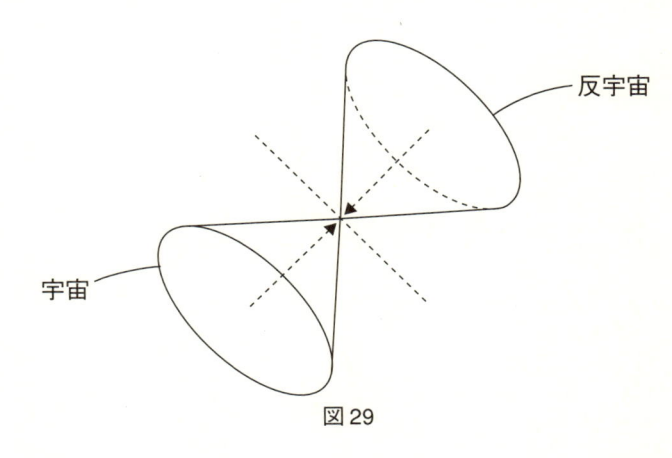

反宇宙

宇宙

図29

では、なぜピラミッドは円錐ではなく、四角錐になっているのだろうか。

　それは、球体を形成しているのは、前述したように20個の正三角錐の集合であり、物質を構成する基本的なものは、球ではなく三角錐、すなわちトライアングルだということによる。

　さらに、円は極性スピンによって4区4次元に分かれていて、四角形に表示することが妥当なため、円錐を四角錐にしているのだ。

　さて、それでは円形を四角形に変換する「9＋1の定理」について述べることにする。

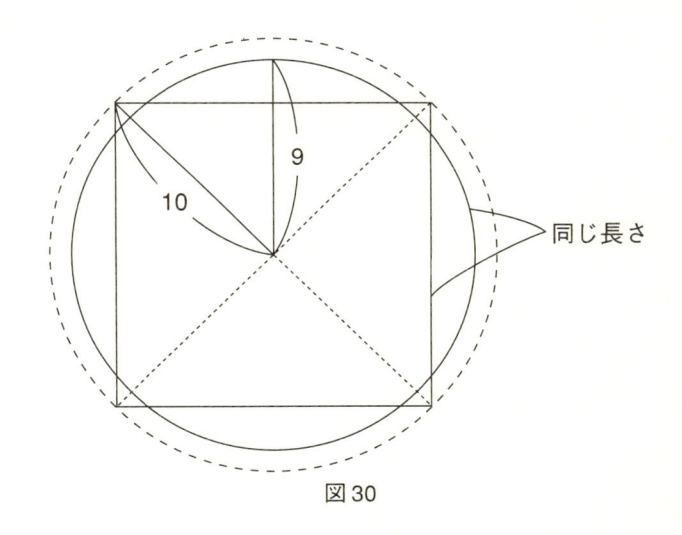

第2章 六芒星宇宙〈四次元時空パワー〉

図30

　円形を四角形に変換し、円周と四辺の長さが同じになるようにすると、図30のように、半径がほぼ9対10の割合で長くなる。

　このことは、エジプトの大ピラミッドにおいても当てはまり、（大ピラミッドの高さ）×2πは土台の周辺の長さと同じ長さになっている。

　つまり、円形を四角形に変換している。

16. 仮説・水晶発電

　クリスタルは人工的にも成長させることができるが、自然界で生成されるクリスタルは、数億年もの年月をかけて結晶となっている。宇宙構造が六芒星であり、その宇宙の巨大なエネルギーを吸収して結晶となったクリスタルも六角形になっている。

　基本的な水晶原石は、頂点が上向きの三角形と下向きの三角形の結合体であり、いわゆる六芒星の結晶になっている。

　クリスタルは正負の磁極を持ち、磁気エネルギーを保持し、伝達することができる。そのエネルギー蓄積量は莫大であり、その機能を生かせば、巨大な動力源となり得る。

　伝説のアトランティス文明では火のクリスタルと呼ばれ、各都市にエネルギーを供給していたということである。

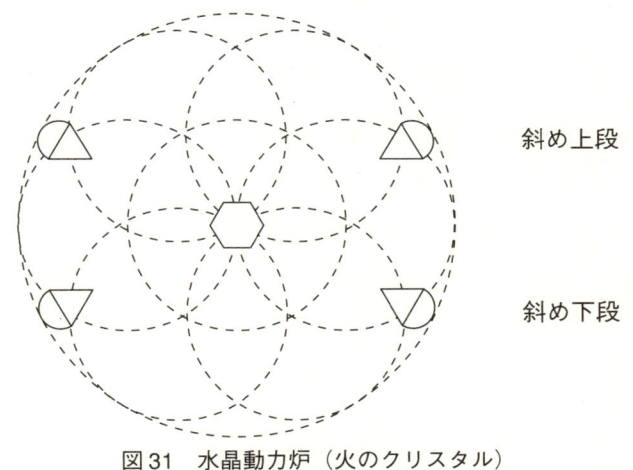

第2章　六芒星宇宙〈四次元時空パワー〉

斜め上段

斜め下段

図31　水晶動力炉（火のクリスタル）

　クリスタルを図31のように配置すると六芒星型になる。つまり斜め上段のクリスタルは、斜め上面が球で、斜め下面がピラミッドの形体であり、斜め下段のクリスタルは、斜め上段がピラミッドで、斜め下面が球の形体になっている。6区のうち4区のみ配置でき、これらは一つの大きなクリスタルと同じことになる。

　クリスタルを通過する光の実験をしてみると、球型より入った光はピラミッド型より出ると凸レンズのように光を集束させる。従って、電磁気の出口はピラミッド型で、入口は球型である。

91

さらに、水晶動力炉は外側の空間系が拡散（ON）であり、内側の時間系が集束（OFF）であり、反重力の形態になっている。

中央にあるクリスタルは周囲のエネルギーを集める受容器であり、ここに蓄積したエネルギーを必要なときに、周囲の4区のエネルギー発生装置に送り、エネルギーを増産する。

エネルギーは$E = mc^2$で表されるが、回転加速度により質量mが無限大に近づくとき、エネルギーEも無限大に近づく。

なお、重力のダイナミックテンソル場によって光がON（拡散）、OFF（集束）を繰り返しているので、その調整によって、異なる重力のダイナミックテンソル場ができる。

従って、クリスタルや導体を通過する光や電磁気の波動を研究するとよい。つまり、波動が回転により加速される形式になる。

第2章　六芒星宇宙〈四次元時空パワー〉

〈六芒星型磁石発電機特許放棄へ〉

　六芒星型システムは全ての人々のためのものであるから、個人的に特許権を取得するつもりはない。ただし、仮にほかで特許申請の動きがあれば、対抗措置として特許申請をして、同時に放棄を行うなどの方法を考えねばなるまい。
　つまり、放棄の方法は検討すべきだと思う。私の実験機はまだ改良すべき点があるので、時期を見て、何らかの方法で公開したいと考えている。

第3章
新世紀への提言

第3章　新世紀への提言

1. 緑豊かな地球

　地球は現在、残念ながら病んでいる。化石燃料などの大量の消費、さらに二酸化炭素を吸収する森林の減少、それらに起因する地球の温室効果が進んでいるのだ。
　また、フロンガスによるオゾン層の破壊、その他の環境破壊も、危機的なところまで進んでいる。
　その上、各地で戦争が繰り返され、災害・飢餓は深刻な状態である。まさに、緑豊かな地球環境を長期的に考えることが求められているのだ。
　やがて、地球は慈悲の惑星として、後進の惑星への奉仕と導きができるように、まず地球自体の環境を確立すべきである。

2. 英知の科学

　現在のエネルギーは原子力発電に依存する割合がかなりある。ひとたび事故が発生した場合、放射能汚染は大変な脅威となるであろう。チェルノブイリ事故などはそのよい例と言える。
　クリーンエネルギーとして、ソーラー発電や風力発電などが普及してきている。また、水素燃料が大きな注目を集めている。
　科学の平和利用はあらゆる分野で今後、新しい開拓が期待される。その前途は無限の可能性があると言えよう。

3. 地上界奉仕浄土の創造

　地球は今、夜明けの時代へと進んでいる。この世でも浄土的なものは建設可能だと思う。理想郷の実現には何が必要なのかを考えるべきだと思う。
　また、新しい時代へは平和的に進むことが重要だと私は考えている。
　宗教の違い、民族・国籍に関係なく、全ての人々が愛を分かち合える状態が理想的である。
　地球が銀河宇宙において美しき創造の原動力となることを祈りたい。

4. 聖者の教訓

　私は今日までに、幾つかの教訓を座右の銘としてきた。有益な言葉として、5つの教訓をご紹介したい。

(1) 敵をも愛し、迫害する者のために祈りなさい。（新約聖書、マタイによる福音書より）

　イエス・キリストのこの言葉は、イエスの「山上の垂訓」とともに、重要な心の支えになってきた。

(2) 五蘊皆空　　　　　（仏典、般若心経より）

　人間は死ねば、眼前にある物質的世界は忽然と消え、あの世へと旅立つ。宇宙は幻影に過ぎない。「寂滅」の言葉とともに、心にきざまれている。

(3) 堅忍不抜　　　　　（サイババの言葉より）

　無明や闇との戦いは、予想外に激しいものである。艱難辛苦に耐える言葉として、この言葉は私には欠かせな

第3章　新世紀への提言

いものである。

(4) 無為を為し、無事を事とし、無味を味わい、小を大とし、少なきを多しとし、怨みに報いるに徳を以てす。　　　（老子の言葉より）

　いわゆる老子の「無為自然」である。弱者が強者に負けずにわたり合う教訓として貴重なものである。

(5)　分かち合い　　（宇宙連合代表の言葉より）

　宇宙連合がチャネラーを通して作った書にたびたび出てくる言葉である。喜びを分け合い、悲しみをともにすることは重要なことと考えている。

5. 唯識の宇宙

　宇宙は絶対実在が創造する幻影であり、言わば夢のようなものだと言われる。
　絶対実在を光源とすれば、光は相対的な無数の人々の五芒星結界に届き、心のプリズムを通って360°のスクリーンに投影され、それらが人々の五感に反映している幻影である。
　従って幻影である宇宙を探究するよりも、まず自分自身を知ることが重要である。
　本来、人間は絶対実在から分離したものではない。従って、その意味では「創造主」を自分自身の外に置くべきではない。
　つまり、創造主はすべての存在を含めた「大いなる全て」なのである。
　人間もまた、創造の自由があり、その責任は負わねばならない。業(カルマ)となって、輪廻転生の中でバランスをとることになる。

人間が本来の完全性を体得するとき、絶対実在に帰一できると言われている。

あとがき

　地球は今まで、「全ては一つ、一つは全て」という観念からの分離サイクルをたどってきた。しかし、現在は分離サイクルを終え、統合サイクルの移行期に入っていると言われる。
　言い換えれば、私たちは達するところまで達したのである。長い夜が終わり、すでに、夜明けの薄明かりがさしてきているのである。
　やがて、マヤ暦の終わり（西暦2012年）に、地球は新しい次元に移行すると言われている。
　私たちは澄んだ心を持ち続けることが大事である。真の富は奉仕と心の平安である。生きとし生けるものに自分自身があることを知り、全てのものに慈しみを持って接することが大事である。
　地球は紙一重の差で今日までの危機を乗り切ってきた。しかし、全ての危機が去ったわけではない。まだ、多くの試練が残っていると考えられる。

運命変数の時代における、地球人類の幸運と健闘を心から祈りたい。

　　西暦2003年3月　　　　　　　　著者しるす

参考文献

『ニュー・メタフィジックス』(バシャールと宇宙連合・著、チャネル＝ダリルアンカ、関野直行訳、ヴォイス、1991年)

『プロジェクト・セザール』(大橋裕朋・著、技術出版、1991年)

『アトランティス』(フランク・アルパー・著、高柳司訳、コスモ・テン、1994年)

〈著者紹介〉

内海 覚照（うつみ かくしょう）

昭和16年、東京生まれ。
成蹊大学工学部卒。
僧侶（法名・覚道、覚照は筆名）
学校の校長、寺の住職をつとめる。
還暦を機に要職を辞任し、後任にゆずる。

五次元の超科学とテレポテーション

2003年10月10日　初版第1刷発行

著　者	内海　覚照
企画協力	B.T.K.
発行者	韮澤　潤一郎
発行所	株式会社　たま出版
	〒160-0004　東京都新宿区四谷4-28-20
	☎ 03-5369-3051（代表）
	http://www.tamabook.com
	振替　00130-5-94804
印刷所	東洋経済印刷株式会社

© Kakusho Utsumi 2003 Printed in Japan
ISBN4-8127-0081-7 C0040

たま出版好評図書 (価格は税別)

竹内てるよ著作

わが子の頬に　　竹内てるよ　1,400円
皇后さまがスピーチで紹介された詩「頬」の作者・竹内てるよの自伝を緊急復刻

[新装版] いのち新し　　竹内てるよ　1,400円
若き日の皇后さまが師事された竹内てるよの遺作。詩も9篇収録

エドガー・ケイシー

神の探求 I　　エドガー・ケイシー口述　2,000円
ケイシー最大の霊的遺産、待望の初邦訳。「神とは何か。人はどう生きればいいか」

(新版) 転生の秘密　　ジナ・サーミナラ　1,800円
アメリカの霊能力者エドガー・ケイシーの催眠透視による生まれ変わり実例集

エドガー・ケイシーのキリストの秘密
R・H・ドラモンド　1,500円
キリストの行動を詳細に透視した驚異のレポート

超能力の秘密　　ジナ・サーミナラ　1,600円
超心理学者が"ケイシー・リーディング"に、「超能力」の観点から光を当てた異色作

夢予知の秘密　　エルセ・セクリスト　1,500円
ケイシーに師事した夢カウンセラーが分析した、示唆深い夢の実用書

超「意識活用」健康法　　福田高規　1,500円
ペアを組み、かかとを持つだけでできる安全で、安価で、効果的な健康法

(新版)エドガー・ケイシーの人生を変える健康法
福田 高規　1,500円
ケイシーの"フィジカル・リーディング"による実践的健康法の決定版

エドガー・ケイシーの人を癒す健康法
福田 高規　1,600円
心と身体を根本から癒し、ホリスティックに人生を変える本

エドガー・ケイシーの人類を救う治療法
福田 高規　1,600円
近代で最高のチャネラー、エドガー・ケイシーの実践的治療法の決定版

エドガー・ケイシー　驚異のシップ療法
鳳 桐華　1,300円
多くの慢性病とシミ、ソバカス、アザ等の治療に即効力発揮！理論と治療法を集大成

たま出版好評図書 （価格は税別）

幸せをつかむ「気」の活かし方　　村山 幸徳　1,500円
政財界のアドバイザーとして活躍する著者が書いた「気」活用人生論

波動物語　　西海 惇　1,500円
多くの人を癒してきたオルゴンエネルギー製品の開発秘話

前世・マヤ暦

前世発見法　　グロリア・チャドウィック　1,500円
過去生の理解への鍵をあなたに与え、真理と知識の宝庫を開く

前世　　浅野 信　1,300円
6500件に及ぶリーディングの結果、「前世を知ることで魂が癒される」ことを伝える

前世Ⅱ　　浅野 信　1,300円
7000件のリーディングを通して、家族問題と前世との関係が浮き彫りに

前世旅行　　金 永佑　1,600円
前世退行療法によって難病を治療する過程で導かれた深遠な教え

マヤの宇宙プロジェクトと失われた惑星
高橋 徹　1,500円
銀河の実験ゾーン、この太陽系に時空の旅人マヤ人は何をした！

銀河文化の創造　　高橋 徹　2,000円
マヤ暦の現代版「13の月の暦」の全貌と実際の使い方を徹底解説

満月に、祭りを　　柳瀬 宏秀　2,667円
日記をつけて月の動き、宇宙の動きを「感じる」ことで一番大事なものが見えてくる！

アルクトゥルス・プローブ　　ホゼ・アグエイアス　1,845円
火星文明の崩壊、砕け散った惑星マルデクを含めた太陽系の失われた歴史

フリーエネルギー・ニューサイエンス

ニコラ・テスラの地震兵器と超能力エネルギー
実藤 遠　1,300円
スカラー電磁波兵器は実在するのか？　スカラー波の真相がわかる!!

フリーエネルギーの挑戦
横山信雄／加藤整弘　1,359円
世界中の実例から写真と理論で解くフリーエネルギー解説書の決定版

たま出版好評図書 （価格は税別）

■驚異のハチソン効果　　横山信雄　1,262円
物体が加速浮上する反重力現象の発生!!　これこそUFOの動力か!?

■新波動性科学入門　　大橋正雄　1,262円
神秘、不可知といわれていることを、波動性をたよりに解明。波動論の原典

■科学で解くバカヴァッド・ギーター
スワミ・ヴィラジェシュワラ大師　3,600円
科学の視点から古代インドの聖典を解説した大著。「ギーター」の全訳収録

精神世界一般

■（新版）言霊ホツマ　　鳥居 礼　3,800円
真の日本伝統を伝える古文献をもとに、日本文化の特質を解き明かす

■キリストは日本で死んでいる（新書版）
山根キク　767円
日猶同祖論の原点！　戸来付近に残るヘブライ語の唄、ほか

■実在した人間　天照大御神　　花方隆一郎　3,500円
天照大御神が説く「三種の神宝」「天つ日嗣」の奥義！

■体外離脱体験　　坂本 政道　1,100円
東大出身のエンジニアが語る、自らの体外離脱体験の詳細

■世界最古の原典 エジプト死者の書（新書）
ウオリス・バッジ　757円
古代エジプト絵文字が物語る六千年前の死後世界の名著

■失われたムー大陸（新書）
ジェームズ・チャーチワード　777円
幻の古代文明は確かに存在していた！　古文書が伝えるムー大陸最期の日

■真理を求める愚か者の独り言　　長尾 弘　1,600円
自らは清貧に甘んじ、病める人々を癒す現代のキリスト、その壮絶な生き様

たま出版のホームページ
http://tamabook.com
新刊案内　売れ行き好調本　メルマガ申込　書籍注文
韮澤潤一郎のコラム　BBS　ニュース